LA
NATURALISATION

DES

JUIFS ALGÉRIENS

ET

L'INSURRECTION DE 1871

ÉTUDE HISTORIQUE

Par Louis FOREST

LICENCIÉ EN DROIT
ANCIEN ÉLÈVE DE L'ÉCOLE DES LANGUES ORIENTALES
LAURÉAT DE L'ÉCOLE DES SCIENCES POLITIQUES

Prix : Un Franc

PARIS

SOCIÉTÉ FRANÇAISE D'IMPRIMERIE ET DE LIBRAIRIE

ANCIENNE MAISON LECÈNE, OUDIN ET Cⁱᵉ

15, RUE DE CLUNY, 15

LA
NATURALISATION

DES

JUIFS ALGÉRIENS

ET

L'INSURRECTION DE 1871

ÉTUDE HISTORIQUE

Par Louis FOREST

LICENCIÉ EN DROIT
ANCIEN ÉLÈVE DE L'ÉCOLE DES LANGUES ORIENTALES
LAURÉAT DE L'ÉCOLE DES SCIENCES POLITIQUES

Prix : Un Franc

PARIS

SOCIÉTÉ FRANÇAISE D'IMPRIMERIE ET DE LIBRAIRIE

ANCIENNE MAISON LECÈNE, OUDIN ET Cie

15, RUE DE CLUNY, 15

LA NATURALISATION

DES

JUIFS ALGÉRIENS

ET

L'INSURRECTION DE 1871

I

LES ORIGINES DU DÉCRET CRÉMIEUX

Le 24 octobre 1870, un décret de la délégation de Tours, signé Gambetta, Crémieux, Glais-Bizoin et Fourichon, déclara citoyens français les Israélites indigènes de l'Algérie.

La question qui recevait ainsi une solution était posée depuis longtemps.

Dès 1847, M. de Baudicour, dans son livre sur la *Colonisation de l'Algérie*, écrivait que : « le gouvernement français avait un intérêt majeur à s'attacher les Juifs algériens. » Cette opinion qui, déjà alors, n'était point isolée, faisait si bien son chemin qu'en 1858 le Conseil général de Constantine émettait le vœu d'une naturalisation collective et immédiate des Israélites.

Deux ans après, M. Jules Delsieux publiait un *Essai sur la naturalisation collective des Israélites indigènes* (1), et s'attachait à démontrer que cette mesure était « le couronnement logique et rationnel de l'évolution progressive des événements » (2). L'auteur poussait si loin sa conviction qu'il n'hésitait pas à déclarer qu'il faudrait au besoin se passer même du consentement des Israélites (3).

En 1864, l'idée ayant fait de nouveaux progrès, les Israélites de l'Algérie adressaient une pétition au Sénat à l'effet d'obtenir d'être élevés à la dignité de citoyens.

Cette même année, Napoléon III faisait un voyage en Algérie. A Alger, à Constantine, à Oran, les Israélites présentèrent au souverain des adresses tendant à obtenir la naturalisation collective. Dans la réception officielle qui eut lieu au Château-Neuf à Oran, l'empereur recevait le grand rabbin à la tête de son consistoire et, en réponse à l'allocution qu'il écou-

---

(1) Alger, imprimerie Duclaux, 1860. Voir aussi la *Question juive en Algérie* ou *De la naturalisation des Juifs algériens*, par un Algérien Progressiste. J. C. F. Alger, 1860, 8°, 77 p.

(2) Page 20.

(3) Pages 22 et 23.

tait avec bienveillance, il étendait la main, demandait le discours, et prononçait ces mots : « Bientôt, j'espère, les Israélites algériens seront citoyens français (1). »

Cette parole, confirmée par d'autres assurances que le monarque avait données ailleurs, eut un retentissement considérable dans toute la colonie. Aussi, quelques mois plus tard, la Cour d'appel d'Alger y faisait-elle allusion, dans un arrêt où elle s'exprimait ainsi :

« Attendu que si l'heure où les Israélites de l'Algérie pourront être soumis à la loi civile française semble prochaine... (2). »

En 1865, C. Frégier, président du tribunal de Sétif, publiait un important ouvrage sous ce titre : *Les Juifs algériens, leur passé, leur présent, leur avenir juridique, leur naturalisation collective...* Le livre en entier, plaidoyer chaleureux de 450 pages (3), tendait en effet à démontrer que cette naturalisation en masse était la seule solution possible aux difficultés d'ordre juridique que l'état actuel faisait naître.

On peut dire qu'à partir de ce moment l'idée était dans les aspirations de tous.

Depuis 1865 jusqu'en 1869, les Conseils généraux des trois provinces ne cessèrent d'*émettre chaque année* un vœu pour la naturalisation collective

(1) Frégier, p. 446. Voir plus loin.
(2) Frégier, p. 430. Voir plus loin.
(3) Paris, Michel Lévy frères, 1865, in-8°.

des Israélites indigènes. En 1869, le Conseil général d'Alger s'exprimait ainsi :

« Considérant que les nombreuses preuves de pratriotisme et les services rendus par les Israélites indigènes commandent impérieusement que le titre des citoyens français leur soit donné sans retard... »

En 1870, dans ses *Cahiers algériens*, M. Warnier, la plus grande autorité d'Algérie, se prononçait dans le même sens :

« La naturalisation individuelle jette le trouble dans les intérêts des familles en maintenant les non naturalisés sous une loi qui date de Moïse et en soumettant les naturalisés à des lois qui changent chaque jour. La *naturalisation en masse*, au contraire, place tous les intérêts sous la sauvegarde de la même loi. »

Faut-il ajouter que la Presse algérienne ne restait pas indifférente à la question ? Qu'on parcoure la collection des journaux du temps : on constatera qu'elle était *unanimement* favorable à la mesure projetée.

Enfin, à la veille de la guerre, la veille même de sa déclaration, le gouvernement se déclarait prêt à accomplir la réforme tant demandée. Dans la séance du 19 juillet 1870, le garde des sceaux affirmait que le gouvernement était « désireux de naturaliser les Israélites »..... « Seulement, disait M. Émile Ollivier, il est arrêté par une question de droit : la naturalisation peut-elle se faire en vertu d'un décret ou exiget-elle une loi ?... Je le répète, *ce qui nous arrête, c'est uniquement une question de forme* (1). » (Très bien ! très bien !)

Trois mois plus tard, le nouveau ministre de la justice faisait simplement aboutir une affaire en cours. Crémieux, en donnant son nom à l'acte qu'il signait avec ses trois collègues, ne faisait qu'exécuter un projet préparé par le gouvernement précédent.

Tels sont les faits.

Il en faut rechercher la cause et se demander d'où venait ce mouvement unanime, pourquoi la naturalisation était si vivement réclamée, et par les Israélites algériens, et avant eux par les Français de France et d'Algérie.

Quant aux premiers, ils s'en sont expliqués eux-mêmes en termes très nets dans leur pétition au Sénat. Voici comme ils s'expriment :

... Nous venons solliciter autant de votre justice que de la générosité qui caractérise tous vos actes, d'achever l'œuvre commencée, de proclamer notre assimilation définitive avec nos frères de la mère-patrie, de nous élever, en un mot, à la dignité de citoyens, objet de nos

(1) Voir le compte rendu de la séance du 19 juillet, au *Moniteur officiel.*

vœux les plus ardents, de nos plus chères espérances, et de nos aspirations les plus constantes et les plus vives.

Pour que vous daigniez prendre en considération notre humble pétition, et nous faire jouir enfin de la qualité de citoyens que nous réclamons depuis bien des années, quels autres titres pourrions-nous faire valoir à votre bienveillance qu'un dévouement inaltérable à la France, qu'un vif désir de la servir et de mourir pour elle, de contribuer, dans la limite de nos forces, à sa grandeur et à sa prospérité, de nous glorifier de ses nobles destinées, et d'être unis à jamais par les liens les plus étroits à ses enfants, les Français, nos frères et nos libérateurs ?

Comment pourrait-il en être autrement ? N'est-ce pas de la France qu'est venu notre salut ? N'est-ce pas la France qui nous a délivrés du joug oppresseur et de la tyrannie des Turcs ? N'est-ce pas la France qui a daigné enfin nous tendre la main et nous convier, par l'organe de son premier corps judiciaire, à participer aux avantages dont jouissent nos frères les Français ?

Si les sentiments dont on vient de lire l'expression sont sincères, ils sont tout à l'honneur de ceux qui les éprouvaient. Or leur sincérité ne saurait faire de doute, parce que le succès de la pétition ne pouvait procurer aux Israélites que les avantages d'ordre tout moral qu'ils déclaraient en attendre.

Les Juifs algériens *ne pouvaient pas prévoir en 1864 que la naturalisation leur conférerait l'électorat législatif, qui n'a été accordé qu'après la guerre aux Français d'Algérie.* Et quant aux Conseils généraux et municipaux, ils y avaient déjà une représentation distincte au titre indigène.

Pourquoi, d'autre part, l'opinion française, d'un côté comme de l'autre de la Méditerranée, favorisait-elle si chaudement le vœu des intéressés ?

Il y a à cela deux raisons, l'une politique, l'autre d'ordre public.

1° **Au point de vue politique,** le principe généralement admis sous Louis-Philippe et sous l'Empire (sauf par les partisans du Royaume Arabe), le principe que professaient ouvertement de Gueydon et Chanzy, le principe qui a dominé toute notre politique algérienne jusqu'à ces dernières années, c'est de tendre à l'assimilation générale de toutes les populations indigènes, cette assimilation, bien entendu, devant se faire progressivement.

Dans ce système, l'idée de commencer par le groupe israélite se présentait naturellement.

Pourquoi ?

D'abord *ce groupe demandait instamment à être incorporé* à la mère-patrie.

Ensuite *ce groupe était peu nombreux* (38,000 seulement). L'expérience était donc sans péril, puisque les Juifs étaient une faible minorité par rapport à la masse musulmane dont la naturalisation eût noyé l'élément français.

Ce groupe, d'autre part, était plus voisin de nous. Les Juifs sont surtout dans les villes. Ils sont mêlés à la vie française par le mouvement des affaires. Leur aptitude à l'assimilation semblait démontrée par les faits. Ils témoignaient un goût très vif pour l'instruction française. Ils remplissaient les écoles, les collèges et les lycées, et ils s'y distinguaient. En 1871, M. de Fourtou, dans un rapport qui n'est pas suspect, puisqu'il conclut contre eux, n'hésitait pas à faire la déclaration suivante :

Dans les grandes cités de notre colonie, un grand nombre d'Israélites ont atteint par l'éducation et par les mœurs le niveau moral de la société européenne qui les entoure Ceux-là, dignes en toutes choses de leurs coreligionnaires de France, ont souvent rendu à notre pays de réels services et ils ont conquis au milieu de nos concitoyens de l'Algérie une place qu'il est juste de reconnaître et d'honorer (1).

Enfin, *ce groupe était fidèle.* Dès le début de la conquête, les Français ont été accueillis par les Israélites. Des relations se sont établies entre le haut commandement et les grandes familles juives. Les Juifs n'ont jamais trempé dans aucune rébellion. Mieux encore : tout de suite après la prise d'Alger, quand la situation est incertaine et critique, ils se sont offerts comme soldats et comme interprètes. Plusieurs de ces interprètes ont trouvé la mort sur le champ de bataille : la plupart ont mérité la croix de la Légion d'honneur (2). L'ouvrage que M. Féraud,

(1) Assemblée Nationale, session 1871. Rapport n° 530. Annexe au procès-verbal de la séance du 21 août 1871, page 4.

(2) Darmon (Amran), Albaz (Salomon), Toboul (Aaron), Dayan (Lucien), Aboucaya (David), sans parler de Ben Baruch (Samuel), Aboucaya (Joseph), Dayan (Léon), Amar (Joseph), Sidoun (Eliaou), Moraly (Ephraïm), Aboucaya (Martin), Pinto (Léon), Brudo (Adolphe), Brudo (Léon), Lévi (Isaac). Voir l'ouvrage de

ancien ministre de France au Maroc, a consacré aux Interprètes de l'armée d'Afrique (1), relate leurs brillants états de service. Qu'on lise plutôt ces quelques extraits :

Daninos (Abraham). — Nommé guide interprète en 1830, il fut le plus puissant auxiliaire de M. Torpin, alors commandant de la frégate-pilote ; et ce fut grâce à ses connaissances approfondies et à son infatigable zèle, que M. Torpin put opérer des mouvements heureux, mouiller sans hésitation devant certains points, éviter des eaux dont il ignorait complètement la perfidie des courants. En 1833, ce fut lui qui accompagna, de Paris à Alger, la commission d'enquête ; quatre années plus tard, par ordre du Ministre de la Guerre, il accompagnait en France l'envoyé d'Abd-el-Kader...; chevalier de la légion d'honneur (p. 190).

Ayas (Léon). — Après la bataille de Staouëli, parvint à entrer en pourparlers avec les Arabes... Ayas s'est signalé, durant sa carrière, par de nombreux faits de guerre ; réputation de bravoure justement acquise dans les expéditions de la province d'Oran ; — plusieurs blessures ; — capture d'un lieutenant d'Abd-el-Kader, 1845. — Combat contre Bou-Maza. Rapport officiel : « Je signale encore à votre bienveillance M. Ayas, interprète, qui, constamment à mes ordres, a fait preuve d'une bravoure vraiment remarquable, en tuant cinq Arabes, dans le moment le plus difficile de l'action. » Colonel Mellinet.

L'interprète Ayas, blessé grièvement d'un coup de

Féraud, p. 190, 206, 212, 215, 263, 284, 286, 290, 311 et sqq., 343, 350, 361, 363, 368.

(1) _Les Interprètes de l'armée d'Afrique_ (Archives du Corps), Alger, chez Jourdan, 1876, in-8.

feu à la cuisse, dans un combat contre Bou-Maza, mourut en 1846, des suites de cette blessure (p. 169).

Cohen, interprète à la disposition du lieutenant-colonel Du Barail, tué dans l'attaque que firent les Arabes, le 2 août 1833, contre Mostaganem (p. 215).

Baranès (René). — Après avoir fait une expédition avec le général Desmichels, commandant à Oran, prit encore part à celle de Tlemcen et de la Tafna. Le général Bugeaud le chargea de plusieurs missions spéciales (p. 215-216).

Lévy (Isaac). — Blessé et prisonnier de guerre, le 26 septembre 1845, pendant la mémorable retraite opérée après le combat de Sidi-Brahim, fut forcé de suivre Abd-el-Kader, dans ses différentes excursions dans la province d'Alger. Lévy fut trouvé percé de trois coups de feu sur le champ de bataille de Mengren. Mourut de ses blessures.

Faradj Nalrach, spahis volontaire en 1842, interprète en 1843, chevalier de la Légion d'honneur en 1871. Faradj, cavalier intrépide, s'est signalé dans les expéditions, en marchant avec les goums et faisant preuve d'une grande bravoure. Blessé d'un coup de feu au genou droit, le 22 mai 1840, aux Beni-Sliman (général de Salles), coup de yatagan à la tête, le 24 avril 1844, chez les Oulad Soultan (duc d'Aumale). Coup de tromblon, qui lui a fait huit blessures dans les reins, à la même affaire (p. 279) (1).

(1) Citons encore, en dehors du corps des interprètes, parmi les Israélites algériens qui ont été avec distinction les collaborateurs militaires de la conquête : Aron, chef d'escadron de spahis, le capitaine de spahis Abraham Carus, successivement chef des bureaux arabes de Médéa et de Laghouat, officier de la Légion d'honneur, etc. Voici comment en 1860 s'exprime Jules Delsieux, à propos de la valeur militaire des Israélites : « Nous ne voulons pas nier qu'ils se soient abstenus, avant la conquête, de prendre part aux guerres qui surgissaient entre tel ou tel prétendant et qu'ils aient montré la plus complète indifférence pour la victoire ou la défaite de leurs maîtres. Qu'eût été, pour eux, un changement de pouvoir, sinon un changement de joug ?

Tels sont les services honorables, les motifs légitimes pour lesquels l'assimilation des Algériens juifs
apparaissait, vers la fin de l'Empire, comme le commencement naturel et nécessaire de l'œuvre d'assimilation générale. « A ce moment, dit Frégier (1),
l'Israélite est presque en toutes choses assimilé au
Français, et le musulman lui est tout au plus assimilable. L'Israélite est un Français presque achevé, le
musulman un Français à peine commencé. »

2° Au point de vue de l'ordre public, la situation des Israélites est mal définie et inextricable.

Les Israélites algériens ne sont ni étrangers ni
indigènes.

Ils ne sont pas *étrangers :* cela est clair. Ils n'ont
pas de consuls. Ils ne peuvent se réclamer d'aucune
nationalité autre que la nationalité française : ils ne
dépendent d'aucun autre gouvernement que du gouvernement français.

Ils ne sont pas *indigènes* comme le sont les musulmans. L'ordonnance du 9 novembre 1845, article 22,
a aboli tous les pouvoirs civils, politiques et administratifs qui les régissaient avant la conquête et pen

Et quoi d'étonnant qu'ils aient hésité à verser leur sang pour
accroître leur servitude ? Mais la France, en leur donnant la liberté, leur a donné le courage, et le *siège d'Oran, dont les Israélites, en 1833, ont vaillamment soutenu le principal effort,* a
prouvé que l'héroïsme n'est pas une vertu abstraite, et que tout
homme est brave, dès qu'il a des biens à défendre et des droits à
conserver. *Essai sur la naturalisation*, etc., p. 16.
(1) Frégier, p. 87.

dant les premiers temps de notre domination. Leurs *Mokdem* (gouverneurs), leurs *Beth-Dins* (tribunaux), leurs *Chaouchs* (agents exécutifs) ont été purement et simplement supprimés.

Du reste, un arrêt de la Cour de cassation, présidée par Troplong, leur a reconnu, en 1864, la qualité de Français : « attendu que par le fait même de la conquête de l'Algérie, les Israélites indigènes sont devenus sujets français; que placés en effet, à partir de là, sous la souveraineté directe et immédiate de France, ils ont été dans l'impossibilité absolue de pouvoir, en aucun cas, revendiquer le bénéfice et l'appui d'une autre nationalité : d'où il suit que la qualité de Français pouvait seule désormais être la base et la règle de leur condition civile et sociale (1). »

Et, conformément à cet arrêt, un senatus-consulte du 14 juillet 1865 leur a fait franchir une nouvelle étape en les déclarant Français. Dans le rapport (2) qui détermina le vote du Sénat, M. Delangle s'exprimait ainsi :

« Avant la conquête d'Alger par l'armée française, la situation des Juifs dans la régence était une situation précaire, humiliée, misérable, et, comme il n'arrive que trop aux nations longtemps opprimées, la trace de cet abaissement n'est peut-être pas encore

(1) Cité par Frégier, p. 32.
(2) Présenté au Sénat le 30 juin 1865. V. Estoublon et Lefébure : *Code de l'Algérie annoté*, p. 305.

complètement effacée. C'est le plus funeste effet de
la servitude de dégrader l'esprit et de l'accoutumer à
l'abjection. Les Israélites ont trouvé dans l'administration et dans l'armée des protecteurs énergiques.
La liberté de leurs mouvements et la sécurité leur
ont été rendues. Ils s'en sont montrés reconnaissants,
et parmi les illustres capitaines qui ont commandé
les armées d'Afrique et que le Sénat compte aujour-
d'hui dans son sein, il n'en est aucun qui ne témoi-
gne que dans l'occasion les Israélités ont rendu d'u-
tiles services. — Or comment douter qu'avec l'intelli-
gence qui leur est propre, l'esprit ouvert au progrès,
ils ne se hâtent de se confondre avec la nation qui
tient le flambeau de la civilisation et dont le premier
soin a été de les affranchir du joug sous lequel ils
gémissaient ? »

Mais, chose étrange, le même sénatus-consulte
qui décerne aux Israélites la qualité de Français,
déclare qu'ils continuent à être régis par leur statut
personnel. Or ce statut personnel, c'est le droit pour
le père de famille de *fixer une part minime à sa fille
dans sa succession, dévolue pour neuf dixièmes à son
fils ;* c'est le *lévirat ou le déchaussement* selon qu'il
veut ou ne veut pas épouser la veuve de son frère ;
c'est le *divorce,* c'est la *polygamie.*

Ainsi, à partir de 1865, les Juifs sont déclarés Français, maintenus dans leur statut personnel et dé-
pourvus des autorités qui réglaient autrefois, en cas
de contestation, leurs différends civils. Ils ont un

droit spécial sans un mécanisme administratif et judiciaire spécial. Par suite, ils ne savent pas à qui s'adresser pour leurs mariages, leurs successions, leurs intérêts de famille, et leur possession d'état. Les notaires français, ignorant naturellement les principes du statut personnel juif, se refusent à recevoir les actes. Les officiers de l'état civil, par la même cause, refusent de célébrer les mariages. Les tribunaux, forcés d'appliquer le droit mosaïque dont ils ignorent les premiers éléments, ne savent plus comment juger les causes qui se présentent devant eux, et l'on peut voir aux prises, dans la célèbre affaire Seyman plaidée par Crémieux et Jules Favre, des filles qui réclament leur part successorale d'après la loi française et des fils qui la leur refusent au nom du droit talmudique (1).

Ce n'est pas tout. L'incertitude et le trouble ne se font pas sentir seulement dans les relations intérieures des Juifs seuls : il est clair que les Français d'Algérie et de France, dans leurs transactions avec les Juifs algériens, sont entravés et lésés par les mêmes causes de désordre et d'insécurité.

Il semble toutefois que les Juifs pouvaient sortir de là en demandant, d'après le sénatus-consulte de 1865, leur naturalisation individuelle. Ce n'est qu'une apparence. D'abord l'obtention d'un droit qui exige

____

(1) Voir, pour le détail de ces inconséquences, Frégier, p. 231 et sqq.

des formalités officielles répugne toujours à l'inertie
naturelle en ce qui concerne les humbles travailleurs
d'une population quelconque. Ensuite, dans les
couches inférieures de la population juive, cette
inertie était encouragée par les préjugés religieux.
Demander une juridiction qui effacerait la loi mosaïque, c'était un commencement d'abandon de a
coutume traditionnelle et religieuse. Enfin, si dans
une même famille les uns se faisaient naturaliser, les
autres non, quelle confusion plus complète encore !

L'incohérence de la situation civile des Juifs algériens appelait donc une réforme qui, à partir de
1865, semblait également nécessaire aux intéressés,
aux Français qui étaient en relations avec eux, et enfin au gouvernement lui-même.

Politiquement et pratiquement, le gouvernement
était sollicité à commencer son œuvre d'assimilation
par la partie juive des populations algériennes. La
naturalisation collective apparaissait non seulement
comme une mesure de bienveillance et de justice à
l'égard des seuls Israélites algériens, mais encore
comme une œuvre d'intérêt général pour les Français
d'Algérie et de France, comme une œuvre d'intérêt national pour la politique française.

Telle était la position de la question quand Crémieux devint ministre de la justice. Moins de trois mois après que son prédécesseur avait déclaré la réforme décidée et mûre pour l'exécution, pouvait-il ne pas tenir compte de cette situation, de cette préparation ? Pouvait-il ne pas reprendre un décret tout prêt (1), un décret que les délégués algériens venus à Tours lui demandaient instamment (2) ?

Il le pouvait d'autant moins que cette mesure faisait partie d'un ensemble de réformes libérales patronnées par l'opposition de gauche, réclamées par le groupe dont il était un des membres influents, par le groupe enfin qui arrivait au pouvoir.

Cela est si vrai que, le lendemain même de la signature du décret, Gambetta, dont les Algériens sollicitaient l'intervention près de Crémieux, lui écrivait en ces termes :

« Mon cher maître,

« Je vous prie de faire insérer immédiatement les

---

(1) Voici en effet le texte du décret impérial soumis en première délibération au Conseil d'Etat :

Art. 1. — Sont admis à jouir des droits de citoyen français, par application du sénatus-consulte du 14 juillet 1865, tous les Israélites indigènes du territoire algérien.

Art. 2. — Tout Israélite indigène pourra, dans le délai d'une année, à partir de la promulgation du présent décret, faire aux autorités compétentes la déclaration qu'il n'accepte pas le bénéfice de la naturalisation.

Art. 3. — Il est fait remise à tous les Israélites du droit fixé par l'article 20 du décret du 21 avril 1806.

(*Enquête sur les actes du gouvernement de la Défense Nationale, t. II, p. 238.*)

(2) *Id., id.,* p. 238.

décrets relatifs à l'Algérie ; il est impossible de prolonger plus longtemps l'attente des délégués ; c'est s'exposer gratuitement à une protestation de leur part, dont l'effet moral serait d'autant plus déplorable que les bonnes apparences seraient de leur côté (1). »

Ainsi la logique politique aussi bien que l'esprit de suite administrative faisaient un devoir à Crémieux de ne pas refuser sa signature à un décret que son prédécesseur avait déjà rédigé, que ses collègues ont signé, mais qui a gardé son seul nom.

L'accuseront d'improvisation et de passion ceux-là seuls qui, ayant à juger des faits et des hommes, improvisent quand ils les ignorent ou, quands il les connaissent, se passionnent.

(1) *Id.*, *id.*, p. 241.

II

LE DÉCRET ET L'INSURRECTION.

« La naturalisation des Juifs a failli nous coûter
l'Algérie » : voilà une phrase bien courante aujour-
d'hui. Cela s'imprime, cela se dit — même à la tribune de la Chambre — et tous ceux à qui l'opinion
dicte leurs jugements enregistrent celui-là sans
contrôle. On n'a ni le temps, ni le moyen, ni (en pareille
matière) la moindre envie de s'informer à bonne
source, et voilà une *vérité* nouvelle installée dans
l'esprit public.

Aussi bien l'affirmation dont il s'agit se présente-
t-elle avec le caractère de vraisemblance que l'appoint
d'une vague chronologie communique à toute asser-
tion. Les Juifs sont naturalisés : ensuite les Arabes
se révoltent. *Post hoc, ergo propter hoc.*

Ce procédé de raisonnement — toujours périlleux
— serait du moins excusable s'il n'y avait point eu
d'autre insurrection arabe bien avant ou bien après
la cause supposée. Mais le contraire n'est que trop
vrai. Sans remonter aux levées d'armes des premiers
temps, qui peuvent être considérées comme des actes
de résistance ultime, oubliera-t-on la terrible insur-

rection de 1864 qui, partie du Sud oranais, mit à feu
et à sang tout le Tell oranais? Oubliera-t-on les trois
rébellions de Khomati (1873), de Mohamed Yahia ben
Mohamed (1876), et surtout de Mohamed Amzian ben
Abderrahman (1879), dans l'Aurès? Oubliera-t-on
enfin le grave soulèvement de Bou Amama dans le
Sud oranais (1881)? Or il n'est encore venu à l'esprit de personne d'imaginer que la naturalisation
des Juifs ait été pour quelque chose dans ces diverses
insurrections (1) ?

Quant à celle de 1871, l'idée de la rattacher à la
question juive serait du moins spécieuse, si cette
insurrection s'était produite dans des circonstances
d'ailleurs normales, au milieu d'une tranquillité
générale et complète, d'où le décret de naturalisation
aurait soudainement tiré les indigènes. Ce n'est pas
précisément le cas. Les Arabes ont vu en quelques
mois la succession de nos défaites, la chute de l'Empire, l'introduction brusque du régime civil, la suspicion jetée sur les bureaux arabes, le mécontentement de ces mêmes bureaux, le départ de toutes les
garnisons, et, ce qui est plus grave encore, le scandale
de généraux embarqués de force et d'officiers capi-
tulés repoussés comme indignes par leurs concitoyens d'Algérie. En un mot, ils ont eu avec la
nouvelle réitérée de nos malheurs le spectacle de

(1) Voir l'ouvrage du comte de Margon, capitaine au 10ᵉ hus-
sards, Paris, Berger-Levrault, 1883, in-16.

notre profond désarroi. Que de telles circonstances
— toute question juive à part — n'aient pas inspiré
l'idée d'un soulèvement à des populations qui, de
1835 à 1870, ne sont jamais restées cinq ans sans s'in-
surger, c'est, on l'avouera, plus qu'invraisemblable
à priori.

Mais laissons le raisonnement *à priori*. L'insurrection de 1871 est un fait positif. L'étude de ses causes
relève de la méthode historique, et cette méthode ne
comporte pas deux procédés. Il s'agit, laissant de
côté les interprétations faites après coup, *d'interroger
purement et simplement tous les témoignages con-
temporains*.

Ces témoignages se classent en deux groupes : le
témoignage des faits et le témoignage des hommes,
témoignage des Arabes d'une part et, d'autre part,
témoignage de tous les Français qui ont pu et ont dû,
à l'époque même, s'expliquer sur les causes de l'insurrection.

Témoignage des faits.

1° **Le lieu**. — L'insurrection éclate et se propage
en Kabylie et dans le Sahara de Constantine. Elle
a trois théâtres principaux : la Kabylie où elle est
née et s'est surtout développée, le Sahara de Constantine où se sont livrés les derniers combats, enfin,
entre les deux, la région de l'Aurès. Or, ni en
Kabylie, ni dans la région de l'Aurès, il n'y a de Juifs.

Dans le Sahara constantinois, les Ziban, l'Oued-Rir, l'Oued-Souf, Ouargla, il n'y a pas de Juifs. Admettre que de tous les indigènes musulmans, ceux-là seuls qui n'étaient pas en contact avec les Juifs aient été indignés de leur naturalisation au point de prendre les armes, c'est leur supposer une faculté de généralisation dont ils n'ont pas souvent fait preuve dans l'histoire.

2° **La date.** — Le décret de naturalisation est du 24 octobre 1870. L'insurrection éclate en mars 1871 : la prise d'armes de Mokrani est du 15 mars. Ainsi, entre la cause et l'effet, cinq mois s'écoulent : c'est un long intervalle pour un pays où les nouvelles — chacun le sait — se répandent aussi vite par la communication orale que par le télégraphe. Il est vrai que l'organisation de la révolte a pu demander plusieurs mois ; mais si le décret de naturalisation est apparu aux Arabes comme un outrage, un soufflet à leur dignité, il se produira tout de suite quelques phénomènes d'insurrection spontanée, des soulèvements populaires, des démonstrations hostiles aux Juifs, des *nefras*. Or rien de tel n'apparaît avant le mois de mars.

3° **La démission de Mokrani.** — Il y a lieu de relever ici un fait positif. Avant la naturalisation, avant la guerre même, on apprend en Algérie que le régime civil doit être substitué au régime militaire : le Corps législatif de l'Empire a voté un ordre

du jour se prononçant pour l'établissement du régime civil. Sur-le-champ, Mokrani donne sa démis-
mission, mars 1870 (1).

Témoignages Français.

Ces témoignages se sont produits dans les circonstances suivantes.

On sait qu'à la suite de la guerre une grande enquête parlementaire a eu lieu sur tous les actes du
gouvernement de la Défense Nationale. L'enquête
sur ses actes en Algérie a été publiée en deux gros
volumes in-quarto (2). Il va sans dire que c'est la
question de l'insurrection qui a été le plus attentive-
ment étudiée. Les principaux fonctionnaires civils et
militaires ayant servi en Algérie à cette époque ont
été convoqués, interrogés, appelés à fournir tous les

(1) Cf. Rinn, p. 52.
(2) Assemblée Nationale, annexe au procès-verbal de la séance
du 22 décembre 1872. N° 1446 G. *Algérie*, Tome premier, Rapport, 910 pages. Tome second, Dépositions des témoins, 296 pages,
in-4°, chez Cerf et fils, Versailles, 1875. La commission d'enquête sur les actes du gouvernement de la Défense nationale
était composée ainsi qu'il suit : Président, M. Saint-Marc-Girar-
din. Vice-Président, M. le comte Daru. Secrétaires, MM. de
Rainneville et Lefèvre-Pontalis (Antonin). Membres, MM. Per-
rot, Boreau-Lajanadie, De Pioger, De la Sicotière, général d'Au-
relle de Paladines, De Sugny, comte de Rességuier, Dezanneau,
vicomte de Rodez-Bénavent, Grévy (Albert), comte Duchatel,
Bertauld, Delsol, comte de Juigné, comte de Durfort de Civrac,
Mallevergne, baron de Vinols, Lallié, Bardoux. Maurice, Chaper, Vinay, comte de Bois-Boissel, comte de Maillé, De la Bor-
derie, Callet (Aug.).

renseignements que leur situation leur avait permis de recueillir.

C'est cet ensemble de témoignages que nous avons interrogé à notre tour. Ils peuvent se diviser en trois catégories, en ce qui concerne la question actuelle qui est celle-ci : l'insurrection est-elle due à la naturalisation? Les uns répondent affirmativement, les autres ne se prononcent pas avec netteté, les autres nient catégoriquement.

Témoignages affirmatifs.

Les témoins affirmatifs sont au nombre de sept, savoir : l'amiral DE GUEYDON, nommé gouverneur de l'Algérie par Thiers le 29 mars 1871; M. PIERREY, premier président de la Cour d'Alger; le capitaine VILLOT, chef de bureau arabe ; le contre-amiral FABRE LA MAURELLE, commandant de la marine en Algérie ; le capitaine D'HINCOURT ; M. HÉLOT, préfet intérimaire, puis titulaire d'Alger; M. DE SAINCTHORENT, député à l'Assemblée Nationale, ancien commandant d'un régiment de mobilisés de la Creuse, qui a tenu garnison en Algérie.

Ces quatre derniers témoignages sont de faible valeur. Le contre-amiral Fabre La Maurelle, retenu par ses fonctions à l'amirauté d'Alger, n'a jamais été dans l'intérieur et ne peut rapporter que des on-

dit (1). Le capitaine d'Hincourt est visiblement passionné et par trop mal informé ; car il ose dire : « *Il
faut rayer la guerre et nos désastres des causes direc-
tes de l'insurrection* (2). » M. Hélot fait une déposition plutôt tendancieuse qu'affirmative : il se place
sur le terrain électoral, il blâme la naturalisation
qui nous aurait « fait perdre tout prestige sur les
Arabes » (3) : mais il ne dit rien de l'insurrection
elle-même.

Ajoutons que ces trois personnages appartiennent
au même milieu, à la même fraction de la société,
hostile ouvertement à la révolution du Quatre Septembre, et intéressés à condamner les actes du nouveau gouvernement. Le langage qu'ils tiennent sur
les sentiments attribués aux indigènes est presque
exactement le même ; ils répètent, à peu près en
termes semblables, la formule adoptée dans un certain groupe de la société algérienne, composé surtout
des anciens hauts fonctionnaires de l'Empire ; là,
dès le début, on avait pris parti contre le décret,
parce qu'on s'attendait à voir les électeurs juifs
voter pour la république.

Quant au commandant Saincthorent, il n'appar-
tient pas, il est vrai, à ce groupe. Mais il n'a jamais tenu garnison qu'à Mostaganem et à Relizane,
dans l'ouest de l'Algérie, c'est-à-dire dans des ré-

(1) Tome II, p. 146, 147.
(2) Page 222.
(3) Page 279.

gions où il n'y a pas eu de soulèvement. Il rapporte des propos, signale certaine mauvaise humeur qu'aurait éprouvée un caïd de l'ouest (celui des Flittas) : mais, comme il n'a vu aucun fait insurrectionnel, il n'en peut signaler les causes (1).

Les trois autres dépositions sont assurément plus sérieuses, quoiqu'il faille observer qu'elles émanent aussi de personnages notoirement hostiles aux idées républicaines et au gouvernement du Quatre-Septembre.

L'amiral DE GUEYDON s'entend poser la question suivante :

M. CALLET. — L'assimilation des Juifs aux Français a-t-elle été étrangère à cette insurrection ?

M. L'AMIRAL DE GUEYDON. — Oh ! non.

M. CHAPER — Elle est en première ligne.

M. L'AMIRAL DE GUEYDON. — Pour moi, le décret d'assimilation a été la cause déterminante de l'insurrection ; les musulmans en ont été extrêmement froissés (2).

Un instant auparavant (3), l'amiral indiquait cinq autres causes :

Une réaction bruyante contre les condescendances du système impérial envers le peuple indigène et surtout contre les privilèges et l'autorité des chefs arabes ; le spectacle dans nos villes d'autorités françaises méconnues, insultées, arrêtées même, l'injure et la menace surtout prodiguées aux officiers plus spécialement préposés

(1) Page 234.
(2) Page 207.
(3) Page 207, même colonne.

au maintien de notre domination en pays arabe ; le départ pour la France de toutes les garnisons ; les récits
apportés, dans chaque tribu, par les tirailleurs algériens échappés à nos désastres ; enfin, comme dernière
manifestation de notre probable impuissance, l'insurrection de Paris : telles sont les causes qui, en surexci-
tant au plus haut degré les espérances, ont fait l'insurrection de 1871.

Le même témoin conclut son exposé des causes
en ces termes très généraux, mais très vagues :

En résumé, j'attribue l'insurrection uniquement et ex-
clusivement aux conséquences du Quatre-Septembre (1).

Ecoutons maintenant le premier président PIER-
REY :

L'insurrection n'était encore que menaçante et partielle, lorsqu'un dernier acte vint lui fournir un nouveau
motif d'excitation ; je veux parler de la naturalisation
en masse des Israélites indigènes (2).

M. LE PRÉSIDENT. — Ainsi c'est à cette mesure que vous
attribuez la cause principale de l'insurrection ?

M. PIERREY. — L'insurrection commençait à naître ; elle
était dans la période de fermentation. Sa cause première
a procédé, ainsi que je le disais tout à l'heure, de l'appa-
rent anéantissement des forces de la France ; la dernière
mesure a ajouté à ce motif de soulèvement un stimulant
de plus, celui de l'exaspération (3).

Il est facile de constater que l'interprétation du
témoin est en contradiction avec la marche des faits.

(1) Page 208.
(2) Page 227.
(3) Page 228.

M. le président Pierrey n'a pas la mémoire des dates. Selon lui, l'insurrection se fomente, elle est *menaçante et partielle* à cause de l'affaiblissement de la France, lorsqu'*un dernier acte* vient exaspérer définitivement les esprits : l'insurrection *commence à naître*, parce que les forces de la France *semblent anéanties*, quand la promulgation du fatal décret *ajoute à ce motif un stimulant de plus*. Or, ce décret est du 24 octobre 1870 ; la France lutte encore pendant trois mois, et l'insurrection est du 15 mars 1871. C'est la chronologie renversée.

Le capitaine Villot est mieux instruit et plus compétent. Il connaît admirablement les choses d'Algérie. Mais, chef d'un bureau arabe, il est passionné, entier dans ses opinions politiques et algériennes, très animé contre le gouvernement du Quatre-Septembre, et notamment contre Crémieux qu'il considère comme l'auteur principal de l'établissement du régime civil en Algérie. Il incarne toutes les colères et toutes les rancunes des bureaux arabes. Que dit-il? Il assigne à l'insurrection sept causes distinctes, dont l'une est le décret.

Haines de classes et de races, intérêts froissés, jalousies et ressentiments, tels furent les résultats de ce décret malheureux. — Pourquoi donc cette préférence ? dirent les Arabes. Est-ce que les Juifs ont comme nous prodigué leur sang en Crimée, en Italie, au Mexique ? Est-ce qu'ils ont dix mille des leurs prisonniers en Allemagne (1) ?

(1) Page 159.

Toutefois, immédiatement après avoir montré les Arabes jaloux de la *préférence* accordée aux Juifs, le même témoin ajoute :

Cet acte a eu un retentissement profond jusque dans les tribus les plus reculées, et il a été très habilement exploité par les marabouts ; car il implique une question des plus graves, celle de la suppression des lois de famille par décret (1).

Cette naturalisation brutale, cette suppression radicale et immédiate de la polygamie, du divorce, du droit de tester, etc., etc., cette révolution dans l'état social, concernant 30.000 regnicoles, répartis sur tous les points de l'Algérie, constituait un acte d'assimilation bien fait pour faire réfléchir les musulmans. Ne leur appliquerait-on pas un jour ce procédé jacobin de conversion (2) ?

Le capitaine attache tant d'importance à cette considération qu'il y revient encore un peu plus loin :

Les influences religieuses des deux sortes (confréries et familles appartenant à l'aristocratie religieuse) se sont donné la main dans la dernière insurrection, parce qu'elles ont partagé les inquiétudes de la population indigène et qu'elles ont craint un coup de force, comme le décret de naturalisation des Juifs.

Ainsi le capitaine ne craint pas d'affirmer que, à l'occasion du même décret, les indigènes musulmans ont éprouvé le dépit de n'en pas recevoir l'application et la crainte de la recevoir un jour : parce

(1) Page 159.
(2) Page 159.

qu'elle confère les droits civiques, la naturalisation est présentée d'abord comme un bienfait enviable ; mais parce qu'elle supprime le statut personnel, la même naturalisation est ensuite présentée comme un *coup de force* redoutable. Il faudrait cependant s'entendre avec soi-même et savoir si l'on a constaté que les Arabes désiraient la naturalisation ou craignaient de se la voir imposée plus tard, s'ils se sont soulevés pour l'obtenir ou pour l'éviter.

Avant d'aller plus loin et de passer à une autre série de témoins, précisons bien ce qui se dégage de cette première consultation.

En résumé, tous les témoins qui précèdent croient et affirment qu'il y a entre la naturalisation et l'insurrection un certain rapport de cause à effet. Mais aucun d'eux n'isole le décret et ne prétend en faire la cause unique de l'insurrection.

Témoignages neutres.

M. DU BOUZET, ancien préfet d'Oran, ancien commissaire extraordinaire de la République en Algérie ; M. ALEXIS LAMBERT, ancien préfet d'Oran, puis commissaire extraordinaire, plus tard député d'Oran ; le général LALLEMAND, commandant supérieur des forces de terre et de mer en Algérie, depuis le 9 novembre 1870 jusqu'à la fin de l'insurrection.

Dans une dépêche adressée au ministre de l'intérieur le 1er mars 1871, M. Alexis LAMBERT s'exprimait ainsi :

Mes rapports ont indiqué comme cause grave de trouble en Algérie le décret du 24 octobre du gouvernement de Tours, accordant naturalisation collective des Israélites (1).

Cette dépêche avait été écrite évidemment sous l'impression d'une *nefra* locale. Car, devant la commission d'enquête, M. Lambert, qui avait eu le temps de réfléchir, se montrait moins affirmatif.

M. LE PRÉSIDENT. — Maintenant, vous savez que Mokrani a invoqué deux motifs pour l'insurrection. D'une part, le décret sur les Israélites dont vous nous avez parlé, et d'autre part la substitution du pouvoir civil au pouvoir militaire. Les Arabes ne voulaient obéir qu'à des officiers portant l'épaulette, et non à l'autorité civile.

Attribuez-vous quelque importance à ces deux décrets ?

M. ALEXIS LAMBERT. — Je ne dirai pas que cela n'a pas été dans les causes contingentes. Mais à mes yeux la cause principale n'était pas là (2).

Les insurrections n'avaient pas fait défaut en Algérie avant le décret du 24 octobre, avant le 4 septembre, et les chefs arabes qui les avaient fomentées n'avaient pas à invoquer le prétexte de la naturalisation des Israélites (3).

(1) Enquête, I, page 309.
(2) Enquête, II, p. 70.
(3) Pages 70 et 71.

Je crois que Mokrani n'a pas été poussé à la révolte par l'émancipation des Juifs (1).

M. du Bouzet n'est pas suspect de partialité en faveur des Juifs. Adversaire déterminé de la naturalisation, il est l'auteur de la pétition à l'Assemblée Nationale pour l'abrogation du décret. Voici pourtant, sur le point qui nous occupe, en quels termes il s'exprime :

Comme je le disais en 1871, la naturalisation des indigènes israélites n'a pas été la cause sérieuse, elle n'est qu'une cause secondaire de l'insurrection des musulmans. Dans les tribus, le gros de la population ignorait à moitié la naturalisation des Juifs, et au début elle ne s'en inquiétait guère (2).

Le général Lallemand énumère longuement (3) les causes de l'insurrection. Il ne parle pas de la naturalisation qui ne se présente point à son esprit. Le président ramène la question.

M. le Président. — Croyez-vous que la naturalisation donnée aux Juifs y ait été pour quelque chose?

M. le général Lallemand. — Elle a pu y être également pour quelque chose ; mais la cause, selon moi, la plus active a été l'extension intempestive du régime civil. Elle nous a amené toutes sortes de complications des plus fâcheuses.

C'est tout ce que le témoin croit devoir dire sur la

(1) Page 71.
(2) Page 57.
(3) Pages 77 à 82.

question juive. Or, le général Lallemand n'est pas un témoin ordinaire. Par sa situation, il a eu en mains tous les rapports. Il a vu les origines, observé, signalé les prodromes de l'insurrection ; il en a dirigé la répression. Esprit ouvert, caractère infiniment respectable, le général Lallemand, on le sait, n'a jamais été homme de parti. Il convient donc de retenir ce témoignage dubitatif chez un homme si bien placé pour savoir, si autorisé à parler. Ce qui ressort de son silence, quand il a à s'expliquer spontanément, et de son incertitude, lorsqu'il est interpellé, c'est que le décret du 24 octobre ne lui est pas apparu comme une cause de l'insurrection.

Témoignages négatifs.

M. Crémieux, ancien ministre de la justice ; M. Vuillermoz, ancien maire d'Alger ; général Augeraud, commandant de la subdivision de Sétif ; M. Luget, ancien préfet de Constantine.

Il est clair que Crémieux, étant témoin dans un procès où il est partie, peut être récusé. Aussi, de sa longue déposition, n'accueillons-nous que deux observations de fait qu'il y a lieu de retenir.

Premièrement, Crémieux s'attache à signaler l'intervalle de temps qui sépare le décret et le commencement de la révolte. Il insiste en second lieu sur l'indifférence des musulmans pour le titre de citoyen français.

Juifs et chrétiens, dans la pensée religieuse qui n'abandonne jamais les musulmans, sont frappés d'un égal mépris. Que leur importe la distribution du titre de Français? Ils veulent rester ce qu'ils sont (1).

Cette dernière observation n'est pas un argument d'avocat. Il y a quelques années, MM. Gaulier et Michelin avaient déposé un projet de loi de naturalisation en masse de tous les Arabes d'Algérie. Les Arabes ont protesté en masse. Du reste, le fait est là. Depuis le sénatus-consulte de 1865 qui facilite la naturalisation des Arabes par une procédure simplifiée (2) jusqu'au 30 décembre 1895, donc pendant trente ans et pour une population de trois millions et demi d'hommes, il y a eu 930 naturalisations d'Arabes ou Kabyles.

Continuons notre enquête.

M. Vuillermoz parmi les causes de l'insurrection ne signale aucunement la naturalisation (3).

Pour donner le résumé des attaques qui ont été dirigées contre cette excellente mesure et y répondre, il faudrait un volume.

J'ajoute, mais sans y insister, que *le décret de naturalisation n'eût pas trouvé tant de détracteurs, si les Juifs avaient, dès le début, consenti à voter en faveur des adversaires des institutions républicaines* (4).

(1) Page 236.
(2) Pour se faire naturaliser, l'indigène musulman sujet français n'a qu'à se présenter devant le maire, l'administrateur ou le commandant supérieur, et à lui déclarer qu'il entend être régi par les lois civiles et politiques de la France.
(3) Page 295.
(4) Page 203.

Cette dernière observation éclaire d'un jour particulier les témoignages qui ont été cités au début et vient à l'appui du commentaire que nous en faisions.

La déposition du général AUGERAUD est de première importance. En effet, il commandait à Sétif. C'est du temps de son commandement que la révolte a éclaté. Et c'est la subdivision de Sétif qui renferme l'aghalik de Mokrani et la zaouïa de Cheikh Haddad et de son fils Si Aziz, les chefs principaux de l'insurrection.

Que dit le général AUGERAUD ?

Bien des personnes pensent que ce décret a été la cause de la révolte. Quant à moi, je ne l'ai jamais cru ; ce n'a été qu'un prétexte.

M. LE PRÉSIDENT. — Vous croyez que cela n'a pas eu d'importance ?

M. LE GÉNÉRAL AUGERAUD. — *J'en suis intimement persuadé.* La révolte tient à trois causes réunies : la guerre, le départ des troupes d'Algérie et les troubles qui ont été la conséquence de la fièvre révolutionnaire (1).

Ecoutons enfin M. LUCET. Assurément le préfet de Constantine n'avait pas désiré la naturalisation : il était plutôt prévenu contre elle et, quand elle fut promulguée, il en fut comme effrayé.

Lorsque le décret du 24 octobre 1870 me parvint à la préfecture de Constantine, il produisit sur moi une fâcheuse impression ; je n'hésitai pas à le regarder comme intempestif et contraire aux principes démocra-

(1) Page 217.

tiques, qui ne permettent pas d'imposer de force et brusquement à toute une population un état que chacun de ses membres est maître de repousser comme antipathique à ses mœurs, à ses habitudes et même à ses intérêts. Facilitez tant que vous voudrez la naturalisation, mais laissez chacun libre d'y recourir. Arracher à la barbarie une masse d'individus pour les élever au rang de citoyens français, c'est très bien en principe, mais la pratique exige des tempéraments. Enfin, le moment me semblait mal choisi pour une semblable mesure, et *je craignais qu'elle ne provoquât un grave mécontentement chez les Arabes. Sous ce dernier rapport je me suis trompé. Pour en avoir le cœur net, plusieurs fois devant la Cour d'assises de Constantine, j'ai fait poser la question à divers chefs indigènes, accusés ou témoins, ou même à des officiers français, et tous, sans exception, ont répondu que la naturalisation des Israélites n'avait été pour rien dans les causes de l'insurrection. C'est donc une question vidée* (1).

Voilà en vérité des affirmations bien positives émanant d'hommes informés, d'hommes bien placés pour voir et juger de près les événements. Ce qui doit attirer l'attention, c'est que cette opinion conforme et catégorique provient d'un maire et d'un préfet, dans un temps où maires et préfets ont été partout en conflit ouvert, et qu'ici l'officier général se rencontre avec les civils, dans un temps où la question du régime civil et militaire était discutée avec tant d'âpreté. Et l'on n'a rien cité de la déposition étendue de M. **Warnier**, ancien préfet d'Alger, pour la

______

(1) Pages 93 et 94.

bonne raison que, s'expliquant longuement (1) sur les causes de l'insurrection, il ne dit pas un seul mot de la naturalisation des Juifs indigènes.

Témoignages arabes.

Si la naturalisation a été une cause réelle de l'insurrection, les chefs des insurgés n'ont pas manqué sans doute de s'en prévaloir devant leurs coreligionnaires, quand ils voulaient les soulever, ou de l'alléguer devant leurs juges, quand ils avaient à se justifier.

Voyons ce qui en est.

L'insurrection a eu trois chefs principaux : le Bach-Agha *Mokrani*, tué au combat de l'Oued Soufflat, son frère *Bou Mezrag* (encore vivant), qui a pris le commandement après lui — l'un et l'autre représentant la féodalité militaire — et d'autre part *Si Azis*, le fils de Cheikh Haddad, grand maître de l'ordre des *Khouans* (confrères) *de Sidi Abder Rahman :* ce dernier représentant l'influence religieuse.

Pour connaître leur vraie pensée sur l'objet qui nous occupe, il n'y a qu'à interroger les documents authentiques dans lesquels se manifeste directement leur état d'âme.

Ici se rencontre le fameux propos de Mokrani, cité récemment par M. Samary à la tribune de la

____

(1) Pages 111 et suivantes, pages 123 et suivantes.

Chambre, lors de l'interpellation Fleury-Ravarin.

En réponse à la notification à lui faite d'une proclamation, aux indigènes musulmans, signée Crémieux, Mokrani répond par écrit :

Je n'obéirai jamais à un Juif. Si une partie de votre territoire est entre les mains d'un Juif, c'est fini. Je veux bien me mettre au-dessous d'un sabre, dût-il me trancher la tête, mais au-dessous d'un Juif, jamais, jamais (1).

Pour éclairer cette déclaration, il est bon de citer un autre propos du même homme :

Je consens à obéir à un soldat : mais jamais je n'obéirai à un Juif, ni à un marchand (*mercanti*) (2).

Et, quand on lui rappelait les engagements pris par lui envers le général Durrieu, auquel il avait promis de rester fidèle, Mokrani répondait :

J'ai engagé ma parole à un homme : mais je ne l'ai point engagée au gouvernement qui le remplace (3).

Si l'on pèse bien ces paroles, si l'on se rappelle que, dans la bouche des Arabes, le *mercanti* c'est non pas seulement le marchand, mais le colon et généralement tout Européen qui ne porte pas l'uniforme militaire, on voit que les déclarations du bach-agha

----

(1) Rinn, *Histoire de l'insurrection de 1871*, page 110. Cf. Eugène Robe, *Exposé historique du régime administratif et politique des indigènes*, p. 49.
(2) Rinn, p. 97.
(3) Rinn, p. 97.

sont dirigées contre le régime civil, ce régime que
Mokrani abhorrait tellement que la seule nouvelle de
son adoption en principe lui avait fait donner sa démission dès avant la guerre. En tout cas, en prenant
au sérieux cet accès d'une mauvaise humeur depuis
longtemps déclarée, en prenant au pied de la lettre
le sentiment d'aversion que Mokrani manifeste pour
le Juif, c'est Crémieux Juif et chef du gouvernement
de la métropole qui est visé : la naturalisation des
Juifs algériens n'est ici aucunement en jeu (1).

Il y a un autre document émané du même Mokrani,
dont la valeur est autrement significative et expli-
cite. C'est la déclaration de guerre envoyée par lui
au général Augeraud et dont voici le texte (2) :

« Je vous remercie de vos bonnes paroles. Je vous remercie de la bonté que vous m'avez témoignée et dont
je garderai le meilleur souvenir. Mais je ne puis vous
répondre qu'une chose : J'ai donné ma démission au maréchal de Mac-Mahon qui l'a acceptée.

« Si j'ai continué à servir la France, c'est parce qu'elle
était en guerre avec la Prusse et que je n'ai pas voulu
augmenter les difficultés de la situation. Aujourd'hui la
paix est faite, et j'entends jouir de ma liberté. *Vous le
savez, je vous l'ai dit, je ne puis accepter d'être l'agent du
gouvernement civil, qui m'accuse de parti pris*, et qui déjà
désigne mon successeur. Cependant on verra plus tard
si l'on a raison d'agir ainsi, et si c'est moi qui ai tort.

(1) Le commandant Rinn, qui cite et étudie ce document, n'en
fait pas d'autre commentaire que nous-même.
(2) Rinn, p. 153. Cf. Aumerat, l'*Antisémitisme à Alger* (1885),
p. 91.

Mes serviteurs sont arrêtés à Sétif et à Aumale, et partout l'on affirme que je suis insurgé. Pourquoi? Parce que l'on veut me condamner. Eh bien! je n'échangerai avec ces gens-là que des coups de fusil et j'attendrai. J'écris à M. le commandant du Bordj que je refuse mon mandat de février et qu'il ait à se tenir sur la défensive, car je m'apprête à combattre.

« Adieu.

« Signé : Mohamed ben Ahmed el Mokrani. »

Le bach-agha, on le voit, ne dit pas un mot de la naturalisation : ne serait-il pas singulier qu'il eût omis ce moyen (s'il lui avait paru plausible) de justifier sa rébellion ?

Mokrani n'a rien de plus à nous dire. Interrogeons maintenant son frère et son successeur, Bou Mezrag.

Le rapporteur de la commission d'enquête, M. de la Sicotière, déclare que devant la Cour d'assises de Constantine, Bou Mezrag « avouait, avec toutes sortes « de réticences, il est vrai, qu'il avait présenté à ses « coreligionnaires l'incorporation des Juifs dans la « milice comme une raison de soulèvement. Il était « forcé de reconnaître que Mokrani avait fait appel « aux passions religieuses de ses coreligionnaires, « et que lui-même l'avait suivi dans cette voie. « *Des lettres anonymes, ajoutait Mezrag, venues d'Al-* « *ger et de Sétif et écrites en français, nous inquié-* « *taient et nous excitaient contre les Juifs* (1), qui

____

(1) Enquête, I, p. 312. Audience du 22 mars 1873.

« allaient arriver au pouvoir, et contre l'autorité
« civile. »

Ainsi donc, ils étaient à Alger et à Sétif, ils écri-
vaient en français et ne signaient pas ce qu'ils écri-
vaient, ceux qui, déjà en 1871, tenaient à ce que la
naturalisation fût une cause de la rébellion des
Arabes. Pour connaître les sentiments et les passions
qu'il cherchait à exciter chez ses coreligionnaires, il
n'y a qu'à le consulter lui-même.

Vers la fin de mars 1871, Bou Mezrag faisait le
siège du caravansérail de l'Oued Okris, défendu par
les zouaves et les tirailleurs algériens, ces derniers,
on le sait, indigènes et musulmans. Ayant fait prisonnier un tirailleur, le 21 mars, il le renvoya deux
jours après avec une lettre autographe et scellée pour
les tirailleurs. Il s'était engagé à lui donner de l'ar-
gent, s'il réussissait dans sa mission. Les zouaves de-
vaient être décapités et les tirailleurs indigènes en-
voyés dans l'Ouennoura pour commander les contin-
gents.

Voici cette lettre (1) :

Cachet : Le serviteur de Dieu Ahmed Bou Mezrag le
Mokrani, caïd de l'Ouennoura, année 1278.

LOUANGE AU DIEU UNIQUE.

Faisons savoir à Mohammed ben Chennan, Sad ben
Henida, Ben bel Kriri et à tous ceux de vos frères les
musulmans qui sont avec vous.

____

(1) Voir la *Solidarité* d'Alger, du 5 avril 1871, et les autres
journaux d'Algérie, à la même époque.

Que le salut le plus complet soit sur vous, avec la miséricorde divine à perpétuité.

Nous avons pris des renseignements sur vous et sur votre état.

Ensuite votre origine et votre descendance nous sont connues : l'islam est votre religion. Les promesses antérieures ne vous sont point cachées.

Actuellement Dieu a eu la bonté de faire atteindre à ses serviteurs l'extrême limite. On doit donc revenir vers Dieu avec empressement et avec un zèle poussé au plus haut point.

Vous savez combien est grande la faiblesse du gouvernement français. Vous savez aussi ce que lui a causé l'armée nombreuse de celui que Dieu a fait son maître.

Vous n'ignorez pas le manque de soldats et de troupes militaires (*sic*) et il ne reste plus que le civil (*sic*).

Si vous êtes pour nous, si vous êtes nos enfants et si vous voulez compter dans nos rangs, étendez vos mains au nom de la guerre sainte sur ceux qui vous entourent dans ce bordj.

Si vous désirez conserver la religion de l'islam, commencez par les tuer, ainsi que cela est obligatoire.

Faites la guerre sainte, cela vous sera compté.

Purifiez ainsi vos corps !

Si vous parvenez à posséder ce mérite si glorieux auprès de Dieu et si honoré parmi le peuple du prophète — sur qui soient les bénédictions divines et le salut, — vous aurez droit à toute notre satisfaction et à des honneurs.

Tout ce que vous désirerez vous sera accordé, soit que vous vouliez vous retirer n'importe en quel lieu, soit que vous désiriez demeurer avec nous ; dans ce cas, vous aurez la jouissance et la distinction.

Salut !

Par ordre de Si Ahmed bou Mezrag, caïd de l'Ouennoura. Que Dieu soit avec lui.

Amen.

Ainsi, la foi au vrai Dieu, la faiblesse de la France, voilà les deux idées qui, selon Bou Mezrag, doivent déterminer ses coreligionnaires à la rébellion. Des Juifs, pas un mot.

Il ne nous reste plus à entendre que Si Azis. Traduit devant la Cour d'assises de Constantine, Si Azis rédigea pour sa défense un important mémoire, traduit et publié en français (1) par M. E. Mercier, interprète judiciaire et aujourd'hui maire de Constantine. Qu'on lise d'un bout à l'autre ce long récit justificatif. On y trouvera l'interminable série des griefs de l'accusé contre son ennemi personnel Ben Ali Chérif, contre les grands chefs en général, contre l'administration militaire rendue hautement responsable de l'insurrection. On y trouvera les colères et les doléances d'un chef religieux, jaloux et irrité des faveurs accordées par l'autorité militaire à son rival. Quant aux Juifs et à leur naturalisation, Si Azis n'y a pas songé.

En dehors de Bou Mezrag et de Si Azis, cent quarante-trois autres indigènes ont comparu comme accusés aux assises de Constantine, dans le procès dit des grands chefs. Plusieurs étaient si peu prévenus contre les Juifs qu'ils ont confié leur défense à des avocats Juifs, notamment M. Honel, depuis président du consistoire israélite et bâtonnier de l'ordre des avo-

______

(1) *Mémoire d'un accusé : Si Azziz à ses juges et à ses défenseurs.* Constantine, imprimerie Marle, 1873, in-8°, 102 p.

cats d'Alger, et M. Léon Séror, Juif indigène (1). Non seulement l'on ne voit pas qu'un seul de ces indigènes, jugés en Algérie devant un jury algérien où il n'y avait pas de Juifs, ait allégué pour sa défense ou simplement comme circonstance atténuante une irritation produite par la naturalisation ; mais encore nous avons à cet égard le témoignage formel de M. Lucet, témoignage déjà cité et qui retrouve sa place ici : *Plusieurs fois devant la Cour d'assises de Constantine, j'ai fait poser la question à divers chefs indigènes accusés ou témoins ou même à des officiers français, et tous, sans exception, ont répondu que la naturalisation des Israélites n'avait été pour rien dans les causes de l'insurrection* (2). L'un des témoins au procès, le caïd Si Mohammed Tahar Aklouf des Beni Ourtillane, a même fait, dans sa déposition, la déclaration suivante : « J'ajoute que la naturalisation des Juifs, ni le rôle de la presse n'ont exercé aucune influence sur les tribus (3). »

Aussi bien n'y a-t-il rien là qui doive surprendre. L'attitude des Arabes en 1871 a été, à cet égard, ce qu'elle avait été antérieurement et ce qu'elle devait être plus tard encore.

Nous rappelions dans la première partie de cette

---

(1) Engagé volontaire pendant la guerre de 1870, où il devint capitaine, aide de camp du général Cremer et fut décoré pour faits de guerre.

(2) Voir plus haut, p. 38.

(3) Cité par du Bouzet, *Enquête*, II, p. 40.

étude que la naturalisation des Juifs avait été demandée chaque année, de 1865 à 1870, par les Conseils généraux. Or, ces vœux des Conseils généraux ont été contresignés par les membres indigènes, y compris Mokrani lui-même. Plus tard, le même sentiment se manifeste encore. Nous n'en voulons pour preuve que le document suivant.

Déclaration des autorités musulmanes relative à la naturalisation des Israélites indigènes en Algérie.

Louange à Dieu ! Il est unique !

Constantine, le 20 juin 1871.

Le Consistoire israélite de Constantine ayant demandé aux notables parmi la population musulmane de cette ville, de vouloir bien lui faire connaître franchement quelle est leur opinion sur le décret qui a eu pour effet la naturalisation des Israélites de l'Algérie, et ce qu'ils en pensent ; si ce décret a excité la colère et l'animosité dans les cœurs musulmans, ou non ;

Nous, soussignés, lui avons répondu que cette mesure n'a froissé personne et n'a excité les colères de personne, parce qu'elle est rationnelle. Au contraire, tous les gens bien sensés l'apprécient et l'approuvent, alors surtout que la porte est ouverte à tous les Arabes qui désirent eux-mêmes se faire naturaliser.

En foi de quoi nous avons apposé ci-dessous nos signatures.

Signé : HAMOUDA BEN CHEIKH, conseiller général, municipal, propriétaire et cultivateur ;
HADJ EL MÉKI BEN ZEGOUTHA, ancien chef du bureau arabe départemental, propriétaire et cultivateur ;

ALI BEN MOHAMED EL AMMOUCHI, ancien adjoint au maire, conseiller municipal, membre de la chambre de commerce, propriétaire et cultivateur ;

SLIMAN BEN SARDOU, mufti hanéfi, propriétaire et cultivateur ;

AHMED BEN BEDJAOUI, propriétaire et cultivateur ;

AHMED BEN MOHAMED LOUNISSI, propriétaire et cultivateur ;

MAHMOUD BEN METMATHIA, mokadem des khouan de Djidjeli ;

TAIB BEN MOHAMED BEN LARBI, professeur, ancien cadi à Constantine, propriétaire ;

TAIB BEN OUADFEL, mufti maléki, propriétaire et cultivateur ;

MOHAMED BEN MUSTAFA BEN DJELOUL, ancien bach adel, propriétaire et cultivateur ;

EL MEKKI BEN BADIS, cadi à Constantine, chevalier de la Légion d'honneur, conseiller général et municipal, propriétaire et cultivateur ;

AHMED BEN SALAH BEY, propriétaire et cultivateur ;

HADJ EL ARBI BEN KOUTCHOUKALI, conseiller municipal du Hamma, propriétaire et cultivateur ;

ALI BEN HADJ MESSAOUD EL AMMOUCHI, ancien conseiller municipal, propriétaire et cultivateur ;

AHMED BEN DJELOUL, ancien cadi, conseiller général, propriétaire et cultivateur ;

M'HAMED BEN BEDJAOUI, propriétaire et cultivateur ;

MUSTAFA BEN AHMED RAIS, ancien caïd de Milah, propriétaire et cultivateur ;

Ahmed ben Mehdjouba, propriétaire et cultivateur ;

Alloua ben Sassi, assesseur au tribunal de
première instance, conseiller municipal et
propriétaire ;

Hadj Mohamed Serir ben Koutchoukali, ancien
mufti, assesseur au tribunal de première
instance, propriétaire et cultivateur ;

Ali ben Bahmed, khalifa des Haractas, com-
mandeur de la Légion d'honneur.

Légalisation du Cadi de la première circonscription judiciaire.

Louange à Dieu !

Je, soussigné, déclare que parmi les signatures apposées au *recto* et au *verso* de la présente feuille, je puis
certifier et certifie authentiquement, comme étant parfai-
tement connues de moi, celles de Si Hamouda ben Cheikh,
Si El Hadj El Meki ben Zegoutha, Si El Hadj Soliman
ben Sardou, Si Taïd ben Mohamed El Arbi, Si Mahmoud
ben Matmathia, Si Taïb ben Ouadfel, Si Mohamed ben
Djeloul, Si Ahmed ben Djeloul, Si El Mekki ben Badis,
Si Ali ben Mohamed El Ammouchi, Si Ali ben El Hadj
Messaouad El Ammouchi, Si Ahmed ben Salah Bey, Si
El Hadj Serir ben Koutchoukali, Si Allaou ben Sassi et
Si Ali ben Bahmed Khalifa.

En foi de quoi j'ai écrit la présente attestation.

Constantine, le 22 juin 1871.

Signé : Mohamed ben El Ameri bach-adel de la Ma-
hakma de la première circonscription judiciaire, faisant fonction de Cadi.

Pour traduction conforme et en outre pour attestation

4

de l'authenticité des signatures arabes apposées ci contre :

Constantine, le 23 juin 1871.

L'interprète traducteur assermenté,

SIGNÉ : VAYSSÈTES.

On voit donc qu'avant, pendant et après l'insurrection, l'opinion des Arabes, en ce qui concerne la naturalisation, est restée la même. Bonnes ou mauvaises, ils ont eu leurs raisons pour se révolter : mais la naturalisation des Juifs les a laissés froids, tant s'en faut qu'elle les ait déterminés à prendre les armes.

Nous n'avons pas prétendu ici écrire l'histoire des origines, ni rechercher les causes de l'insurrection de 1871. Des documents examinés, des témoignages consultés, il ressort que les deux partis français alors en présence en Algérie, le parti de la République et du régime civil, le parti de l'Empire et des bureaux arabes s'en renvoient mutuellement la responsabilité. Le premier accuse le second d'avoir fomenté la révolte, d'avoir laissé s'entendre et s'armer les chefs des rebelles, avec l'arrière-pensée de démontrer par là même l'impuissance du régime civil. Le second accuse le premier d'avoir tout compromis en bou-

leversant l'organisation existante, en inquiétant les
indigènes sur l'avenir de leurs propriétés, en détrui-
sant chez eux par le spectacle d'agitations démago-
giques le respect de l'autorité. Sans admettre un
instant que des officiers aient pu avoir la pensée sa-
crilège de soulever les indigènes contre la France (ce
serait crime de haute trahison!), il semble bien que
des imprudences de conduite et de langage ont été
commises de ce côté. Bureaux arabes et grands chefs
se tenaient. Les officiers des bureaux arabes, pour la
plupart imbus de l'esprit purement militaire, avaient
certainement plus de sympathie pour les *djouad*,
les hommes d'épée, les grands seigneurs en burnous,
que pour ceux que tous ensemble traitaient de mercantis. Ils ont pu devant eux s'épancher trop libre-
ment, exhaler leur mécontentement et leurs craintes ;
et les chefs indigènes ont recueilli précieusement ces
boutades de mauvaise humeur qu'ils ont prises à la
lettre et peut-être considérées comme des encoura-
gements. D'autre part, il n'est pas moins certain que
le régime civil proclamé et non établi, les bureaux
arabes frappés d'une suspicion officielle et laissés
cependant en fonctions, l'état révolutionnaire où se
trouvaient la plupart des villes algériennes, le langage souvent inconsidéré des journaux, des comités
de défense et de certains colons, ont agi de la façon
la plus fâcheuse sur l'esprit des indigènes (1). En

(1) Sur ce point, la déposition du capitaine Villot est pleine
de remarques intéressantes. Voir *Enquête*, II, p. 148.

quelques mois, les Arabes avaient vu la France, cette France qu'ils se figuraient invincible, écrasée par une suite d'effroyables désastres. Ils apprenaient qu'aux catastrophes de la guerre étrangère s'ajoutaient les horreurs de la guerre civile. En Algérie même, sous leurs yeux, s'étalait le triste spectacle de nos discordes. Ils eurent le sentiment que c'était fait à tout jamais de notre puissance et, comme le disait devant le conseil de guerre de Constantine le chef saharien Bou-Choucha, que « la France était finie... qu'elle était rien du tout (1) ». Laissés sans direction, livrés à eux-mêmes, travaillés par les excitations des émissaires étrangers (2), ils s'abandonnèrent aux entraînements du fanatisme, aux calculs de l'ambition personnelle, à la suggestion des haines de sofs et des rancunes de partis. Si Azis, le fils du grand chef religieux de la Kabylie Cheikh-Haddad, était depuis longtemps jaloux des faveurs prodiguées à son rival, Ben-Ali-Chérif. Mokrani se trouvait atteint dans ses intérêts en même temps que blessé dans son orgueil de seigneur féodal. Lui, homme de race et homme d'épée, ne pouvait se faire à l'idée de servir sous des mercantis. La seule annonce de l'établissement du régime civil avait provoqué sa démission. A côté de lui, dans le territoire de son aghalik, on avait institué en 1868 une commune à Bordj-bou-

(1) Rinn, p. 622.
(2) Rinn, p. 86.

Arreridj. Il allait devenir l'adjoint indigène d'un maire français. « Mokrani, seigneur avant la conquête, ne pouvait plus être que conseiller municipal, voir son opinion discutée, contestée par un boucher, par un cantinier (1). » Lors de la famine en 1868, lorsqu'il s'était agi de venir en aide aux tribus réduites à la dernière misère en leur fournissant des avances, Mokrani avait souscrit des billets pour une somme de près d'un demi-million. Ces billets auxquels un négociant français de Constantine, M. Mesrine, prêta sa signature, avaient été escomptés par la Société générale algérienne et la Banque de l'Algérie. Le maréchal de Mac-Mahon avait toujours garanti à Mokrani que, si ses administrés et ses tributaires ne pouvaient lui payer, après la récolte de 1870, la somme pour laquelle il avait souscrit des billets, cette somme lui serait remboursée sur les centimes additionnels constituant le budget municipal des tribus (2). Après le Quatre-Septembre, les établissements financiers demandèrent un remboursement ou des garanties. M. Mesrine se retourna vers Mokrani qui, à son tour, s'adressa à l'autorité militaire. « On lui répondit, si je suis bien informé : Le Maréchal est parti, il est tué ou prisonnier ; c'est un gouvernement révolutionnaire qui s'est substitué au gouvernement de l'Empereur, ce sont des civils

____

(1) Déposition de Warnier, *Enquête*, II, 126.
(2) *Ibid.*, p. 126.

qui gouvernent l'Algérie, nous ne pouvons rien faire (1). » Mokrani dut alors donner une hypothèque générale sur tous ses biens et sur tous ceux de sa famille. Il était menacé d'expropriation et de ruine. La parole qu'on lui avait donnée au nom de la France n'avait pas été tenue. Il n'en fallait pas davantage pour le pousser au désespoir et à la révolte.

Telles nous paraissent avoir été les raisons générales de l'insurrection, celles qui ont préparé le terrain, animé la masse indigène, et aussi les mobiles particuliers, ceux qui ont fourni des chefs au mouvement. Ces causes, desquelles une saine critique éliminera le décret dit Crémieux, sont infiniment complexes. C'est ce qu'avait déjà vu M. de Fourtou, lorsque, dans son rapport sur le projet Lambrecht (1871), tout en concluant au retrait de la naturalisation, il écrivait ces mots : « Toutefois, Messieurs, nous ne voudrions pas laisser pressentir par ces réflexions que la vaste insurrection, dont les dernières agitations affligent encore l'Algérie, puisse être considérée comme le fruit de la naturalisation des Israélites. Non : elle tient à des causes multiples et plus profondes, dont l'une d'ailleurs est ancienne comme la conquête, et permanente comme notre

____

(1) Déposition de Warnier, *Enquête*, II, p. 127.

propre domination (1). » Dans quelle mesure a agi chacune de ces causes, ce serait une étude intéressante à faire : elle s'impose à celui qui se chargera de nous donner une histoire définitive de l'insurrection de 1871, histoire qui est encore à écrire même après l'étude si documentée de M. Rinn. Pour nous, il nous suffit d'avoir signalé une erreur, nullement involontaire de la part de ceux qui l'ont mise en circulation, forgée et propagée dans un intérêt de parti, pour animer contre les Juifs algériens le patriotisme de tous les bons Français. Les problèmes d'histoire ne comportent pas l'évidence mathématique. Cependant la consultation sincère et complète des sources permet de poser comme une vérité démontrée l'affirmation suivante : Si les Juifs algériens n'avaient pas été naturalisés le 24 octobre 1870, l'insurrection ne s'en serait pas moins produite dans le même temps, dans les mêmes lieux, avec la même force et la même intensité.

(1) Nº 530. Assemblée Nationale. *Rapport de M. de Fourtou,* p. 12.

Poitiers. — Typographie Oudin et Cie.